Inhalt

Bekanntes und Unbekanntes
für Sie entdeckt

Der ewige Wechsel von Ebbe und Flut, die Weite des Wattenmeeres, die Wolken am hohen Himmel, der Wind, der für Klarheit sorgt, und das ins Unendliche sich dehnende Meer: Es ist schwer, sich dem rauen Charme der deutschen Nordseeküste zu entziehen. Denn die Nordsee spricht all unsere Sinne an: Man muss sie sehen, riechen, spüren und erleben. Vielleicht an den Stränden des Nordseeheilbads Cuxhaven, wo gelbe

Strandkörbe Sonne ins Badeleben zaubern – Logenplätze mit Blick auf das Watt. Oder an der "Alten Liebe": Die Aussichtsplattform bietet einen schönen Blick auf einen viel befahrenen Schifffahrtsweg – die Elbe. St. Peter-Ording lockt mit Sand en masse: Der Strand ist weiß, breit und unendlich lang. Platz genug für Sonnenanbeter und Strandsegler.

Zwei erdgeschichtlich ganz verschiedene Inseln bereichern die touristische Landkarte: das Marscheneiland Neuwerk und das felsige Helgoland. Deutschlands einzige Hochseeinsel reizt vor allem Tagesbesucher. Ihr Ziel ist Helgolands Wahrzeichen, die "Lange Anna", sowie der Lummenfelsen, ein Naturschutzgebiet, in dem rund 7000 Vogelpaare nisten. Die Watteninsel Neuwerk, die eigentlich zu Hamburg-Mitte gehört, ist bei Flut mit dem Schiff, bei Ebbe mit Pferd und Wagen von Cuxhaven aus zu erreichen. Es gibt auch einen Fußweg durch das Watt – man sollte allerdings die Gezeiten beachten oder sich einer geführten Gruppe anschließen!

Der südliche Teil der Westküste Schleswig-Holsteins und der Mündungsbereich von Elbe und Weser im nassen Dreieck von Cuxhaven, Otterndorf und Bremerhaven bieten moderne Sperrwerke, Schleusen und Deiche, historische Städte und alte Bauernrepubliken in Marsch, Moor und Geest. Entdecken Sie auch Bremens berühmten Außenposten: Bremerhaven. Die weltbekannten Häfen und das Schifffahrtsmuseum stehen stellvertretend für die ganze Nordseeküste, die Sie mit Watt, Wind und Wellen einlädt, recht bald wiederzukommen.

Helgoland | Roter Felsen im Meer

1 Ein Hoch auf Deutschlands einzige Hochseeinsel! Rund siebzig Kilometer vom Festland entfernt, hebt sich der rote Buntsandsteinfelsen steil aus der Nordsee. Das Wahrzeichen der Insel ist die 'Lange Anna', jener Fels, den das Meer für ewig von der Insel getrennt hat und der – von Verfall bedroht – in einer Rettungsaktion mit neuer Standfestigkeit versehen wurde.

Die rote Insel in der Deutschen Bucht besteht aus Unter-, Mittel- und Oberland. Sie besitzt rund neunzig Straßen, die teils über breite Treppen, aber auch bequem mit einem Fahrstuhl, zu erreichen sind. Außerdem gehört zu Helgoland die Badeinsel 'Düne'. Sie ist durch einen Meeresarm getrennt – eine Oase der Ruhe und Erholung.

Helgoland | Aussicht mit Einblick

2 Helgoland besitzt eine wechselvolle Geschichte: So war die Insel im 14. Jahrhundert u.a. Schlupfwinkel für Seeräuber Störtebeker. Rund 500 Jahre später wurde Helgoland britische Kronkolonie, und 1841 schrieb Hoffmann von Fallersleben während seiner Verbannungszeit das "Deutschlandlied", die spätere deutsche Nationalhymne. Im Jahre 1890 tauschten die Briten Helgoland mit dem Deutschen Reich gegen Kolonialrechte im ehemaligen Deutsch-Ostafrika. Gehen Sie auf Spurensuche: Auf dem drei Kilometer langen aussichtsreichen Klippenrandweg wird auf die bewegte Vergangenheit der Insel hingewiesen. Sie spazieren am Leuchtturm vorbei zum berühmten Lummenfelsen, der höchsten Erhebung Helgolands. Hier brüten Trottellummen, pinguinähnliche Tauchvögel. Dreizehenmöwen und einige Basstölpel nisten in der Nachbarschaft – im kleinsten Naturschutzgebiet der Welt.

Helgoland | Altes Privileg

3 Von Hamburg aus ist der einsame rote Felsen in der Nordsee mit dem Flugzeug mehrmals täglich zu erreichen. Im Sommer fahren elegante Seebäderschiffe von Hamburg, Cuxhaven oder Büsum übers Wasser. Für eilige Besucher flitzt der Hochgeschwindigkeits-Katamaran aufs offene Meer und erreicht in kurzer Zeit die Insel. Ein altes Privileg sichert den Fischern – neben dem lukrativen Hummerfang rund um Helgoland – auch das alleinige Recht zu, ihre Gäste an Land und wieder zu den Schiffen zu befördern. Deshalb wird vor der Reede mit den Börtebooten aus- bzw. eingebootet. Das hat hier Tradition und ist für Helgolandfahrer ein reizvolles Spektakel. Ein Land- bzw. Schiffsgang der anderen Art.

St. Peter-Ording | Erlebnisbad zum Wohlfühlen

4 St. Peter-Ording hat für Sie die Nordsee eingefangen: Die Dünen-Therme präsentiert Ihnen rund ums Jahr wohl temperiertes Meerwasser. Die innere Badelandschaft des familienfreundlichen Wellen- und Freizeitbades ist durch einen Schwimmkanal mit dem großen Außenbecken verbunden. Drinnen heißt die Parole "Hinein in die Welt der Wasserattraktionen" mit Brandungswellen, sanfter Meeresströmung, heißen Geysiren, schmeichelnden Massagedüsen und sprudelnden Quellen. Nervenkitzel und Wasserspaß pur bietet die "Black-Magic-Erlebnisrutsche", die von einem 12 Meter hohen Rutschenturm zu einer 100 Meter langen Fahrt einlädt. Außerdem lockt eine Saunalandschaft zum Wohlfühlen. In ihren weiten Glasflächen bezieht die Dünen-Therme geschickt die großartige Landschaft mit ein: Das Erlebnis- und Außenbecken bietet Schwimmvergnügen mit Dünenblick.

Dünen-Therme-Erlebnisbad
April-Okt. Mo.-Sa. 9.30-22 Uhr, So. 10-19 Uhr, Nov.-März Mo.-Sa. 14-22 Uhr, So. 10-19 Uhr

St. Peter-Ording | Sand en masse

5 Er ist breit und vor allem sehr lang: Der feinkörnige Strand von St. Peter-Ording lädt zum Sonnen und zu stundenlangen Spaziergängen in frischer Seeluft ein. St. Peter ist ein sandreicher Vorposten von Eiderstedt. Hier schiebt die Nordseeküste Schleswig-Holsteins, die Sie auf gut ausgebauten Radwanderwegen bequem erkunden können, ihre Nase besonders kühn in den Wind. Vom Deich führen hölzerne Stege über das Watt an den zwölf Kilometer langen Strand und zu hochbeinigen Restaurants – mitten in der Nordsee. Schauen Sie von dort den Strandseglern zu: Sie bewegen sich ohne einen Tropfen Benzin, allein der Wind sorgt für Bewegung und Geschwindigkeit der schnellen Flitzer.

Tönning | Vogelparadies

6 Im Katinger Watt ist immer Saison: Auf vogelkundlichen Exkursionen lernen Sie die Bewohner dieser ungewöhnlichen Nordseelandschaft kennen. Im Frühjahr balzen die Wiesenvögel, und im Herbst hallen die Rufe Tausender Nonnengänse über das Watt. Zwischendurch lockt die vielgestaltige Natur zu Entdeckungen. Im Sommer durchziehen Wolkenfetzen den hohen Himmel, und im Winter bezaubern bizarre Eisgebilde die Besucher. Zwei versteckte Beobachtungshütten und ein hölzerner Turm bieten in der Nähe des NABU-Naturzentrums Ein- und Überblicke in Natur und Landschaft. Kiebitz und Säbelschnäbler, Uferschnepfe und Rotschenkel nutzen das Katinger Watt als Brut-, Rast-, Mauser- oder Nahrungsgebiet – ungestört trotz neugieriger Blicke.

Tönning | Technische Großleistung

7 Er ist gewaltig – dieser Beton- und Stahlriegel, den man dem "Blanken Hans" vorgeschoben hat, damit die Sturmfluten der Marsch nicht mehr zusetzen. Das Eidersperrwerk ist ein Damm der Superlative. Dieses wuchtige Küstenschutzbauwerk ist 4,8 Kilometer lang und 8,5 Meter hoch. Durch die fünf Sieltore, jedes 40 Meter breit, strömt das aufgestaute Wasser bei Ebbe in kurzer Zeit in die Außeneider. Bei Sturmflut wird alles pottdicht gemacht.

Die Erbauer des Eidersperrwerks dachten auch an den Wasserhaushalt des Hinterlandes: In Trockenzeiten versorgt das Sperrwerk die Pflanzen mit dem nötigen Nass. Und beim Kommando "Wasser marsch!" wird die Fahrrinne bis zum Tönninger Hafen von Sand und Schlick freigespült.

Wesselburen | Weltruf durch Verse und Dramen

8 Das Hebbelmuseum birgt einen kulturellen Schatz: In der ehemaligen Kirchspielsvogtei verbrachte der Dichter Christian Friedrich Hebbel, 1813 in Wesselburen geboren, seine Jugendjahre. Hier wuchs er in ärmlichen Verhältnissen auf, eignete sich seine Bildung selbst an, um dann in Heidelberg zu studieren und ab 1845 in Wien großbürgerlich zu leben. Im Museum in der Österstraße wird der Werdegang des Dichters anhand von Fotos und Handschriften aufgezeigt. Die Museumsräume wurden teilweise mit Hebbels Mobiliar ausgestattet und vermitteln so ein interessantes Bild seines Arbeitsumfeldes. Wenn Sie wissen wollen, was Hebbel alles schrieb – und was man alles über ihn schrieb –, die umfangreiche Hebbel-Bibliothek gibt Auskunft über einen der bedeutendsten deutschen Dramatiker des 19. Jahrhunderts.

Hebbelmuseum
Di. + Do. 10-12 + 14-17 Uhr, Fr.-So. 10-12 + 15-17 Uhr

Büsum | Wechsel-Bad

9 Im 15. Jahrhundert war der Ort noch eine unwirsche Insel mitten in der See. Später fand Büsum durch Eindeichung jedoch Anschluss ans Festland. Das einzige Dithmarscher Seebad besitzt einen hübschen Kutterhafen. Von hier aus starten in aller Frühe die Krabbenfänger, um die begehrten und schmackhaften Büsumer Krabben zu fangen, die auf keiner Speisekarte in Büsum fehlen dürfen. Die schmalen Straßen des kleinen Ortes säumen fein herausgeputzte Häuser. Sie werden überragt vom 25 Meter hohen Leuchtturm, der 1913 in Betrieb genommen wurde und noch heute den Schiffen den Weg zeigt. Gleich daneben liegt das Kurzentrum mit Kurmittelhaus und Meerwasser-Wellenbad Wellarium. Ein attraktiver und erlebnisreicher Treffpunkt, wenn die Sonne mal nicht scheinen sollte.

Büsum | Logenplätze am Watt

10 Die ersten Badegäste kamen 1818 in das Küstendorf. Seit 1837 ist Büsum anerkanntes Heilbad mit reiner Seeluft, kräftigem Reizklima, Watt und Meer – und einer langen Promenade, die sich vom grünen Strand bis zum Sandstrand erstreckt. Sanft ansteigende Deiche, mit Strandkörben bestückt, prägen das Bild dieses Strandes. Die bunten Körbe sind Windschutz, Schattenspender und Logenplatz in einem. Von hier aus lässt sich das Schauspiel von Ebbe und Flut am besten erleben. Und von hier aus geht es auch barfuß ins Watt – in kleinen Gruppen oder im Rahmen einer geführten Wanderung. In der Hauptsaison spaziert die Kurkapelle vorneweg und intoniert die Wattenpolonaise. Ein feuchtfröhliches Vergnügen!

Büsum | Buntes Leben am Strand

11 Am Anfang war der Gedanke, Büsum familienfreundlicher zu gestalten, mit einem Sandstrand, der sich an den Bedürfnissen der Jugend orientiert. So entstand durch Aufschüttung eine 100 000 qm große Sandbank. Zwischen Sandbank und Deich gibt es nun zwei große Bade- und Planschbecken, die durch einen begehbaren Damm unterteilt wurden. Dieses Refugium ist heute ein Paradies für Kinder und Jugendliche. Hier dürfen sie nach Herzenslust Paddel- oder Tretboot fahren, Beach-, Volley- oder Basketball spielen, ihre Lenkdrachen steigen lassen oder sich zur Beachparty treffen. Hier liegt auch das Surfrevier für Anfänger, die in speziellen Kursen Standfestigkeit erlangen. Der Sandstrand in der Perlebucht lädt außerdem zum Burgenbauen ein. Voller Freude buddeln die kleinen Gäste im Sand und fertigen die tollsten Gebilde. Ein bunter Tummelplatz für den (Strand-)Nachwuchs.

Heide | Deutschlands schönster Super-Markt

12 Bevor es den Ort gab, existierte bereits der Markt. Die Hauptstadt Dithmarschens hatte, wie man noch heute sieht, die Aufgabe, um ihn herumzuwachsen. Deutschlands größter Marktplatz nahm ab 1434 Gestalt an, als sich hier die Vertreter der freien Bauernrepublik zur Beratung trafen. Den Politikern folgten die Händler – und heute die Gäste. Seit 500 Jahren wird auf dem riesigen Rechteck Wochenmarkt abgehalten. "Auf der Heyde" kreuzen sich von alters her Wege und Wünsche. Hier steht auch die St.-Jürgen-Kirche, ein gestreckter Saalbau aus dem 15./16. Jahrhundert.
Sehenswert ist außerdem die Museumsinsel Lüttenheid. Dort lädt das Geburtshaus des Dichters Klaus Groth zu einem Besuch ein. In diesem Haus verlebte er seine Kindheit und Jugend und wohnte dort auch während seiner Tätigkeit als Lehrer – in den Jahren 1841 bis 1847. Ebenso sehenswert ist das Brahmshaus, das Stammhaus der Familie des berühmten Komponisten Johannes Brahms. Hier finden regelmäßig Konzerte, Lesungen und Vorträge statt. Und im Heider Heimatmuseum wird die Entstehung und Entwicklung des Ortes thematisiert und eine voll eingerichtete Schuhmacherwerkstatt präsentiert.

Klaus-Groth-Museum und Heider Heimatmuseum
Lüttenheid 48,
Di.-So. 11.30-17 Uhr,
Sa. 14-17 Uhr
Brahmshaus
Lüttenheid 34,
Di., Do. + Fr.
14.30-16.30 Uhr,
Sa. 10.30-12.30 Uhr

Keramikstudio Piszny
Husumer Str. 26,
Mo.-Fr. 9-12,
13-16 Uhr

Tellingstedt | Tönernes seit Jahrhunderten

13 Tellingstedt ist eine der ältesten Siedlungsstätten in Dithmarschen. Tönernes entsteht hier schon seit Jahrhunderten. Tonangebend in der Branche wurde die Region jedoch erst mit der Tellingstedter Töpferei der Familie Bönsch. Geschirr für den bäuerlichen Hausgebrauch drehte man hier schon im 17. Jahrhundert. Und Meister Reimers ist es zu danken, dass die Werkstatt um 1900 ihren Ruf behielt, als alle Welt nach industrieller Massenware rief.
Auch der Heimatdichter Klaus Groth aus Heide tafelte von Tellingstedter Tellern, die als ein Stück Dithmarschen sogar nach Amerika wandern. Heute dreht man nach alter Weise und neuen Ideen die irdene Ware. Schauen Sie mal im Keramikstudio Piszny in der Husumer Straße vorbei, wo in der "Werkstatt im Garten" mit der nötigen Ruhe an Tellern, Krügen und Schalen gearbeitet wird. Gut Pott will eben Weile haben. Auch zu Beginn des 21. Jahrhunderts.

Albersdorf | Wanderung in die Vorgeschichte

14 Albersdorf empfiehlt sich als waldreicher Luftkurort mit "steinhaltigen" Rundwanderwegen. Wo es rund geht, sehen Sie am besten vom 36 Meter hohen Aussichtsturm am Kaiserberg. Sogar die Kirchturmspitze von Meldorf und die Hüttener Berge sind von hier aus zu erkennen. Doch bleiben Sie erst mal im Dorf. Im Zentrum erwartet Sie das Steinzeitgrab 'Brutkamp'. Unter alten Bäumen ruht auf fünf Felsblöcken ein gewaltiger Granitkoloss mit einem Umfang von nahezu zehn Metern. Der interessante Schalenstein nahe Bunsoh ist übersät mit mehr als 200 Vertiefungen von fünf bis zehn Zentimetern Durchmesser. Dieser Grabkammerstein wurde von Menschenhand bearbeitet und gilt als einer der größten Kultsteine Europas.

Albersdorf | Flachlandriesen

15 Die Erbauer des Nord-Ostsee-Kanals haben ein Sonderlob für ihre Brücken verdient. Sieben auf einen Streich liegen zwischen Kiel und Brunsbüttel in 42 Meter Höhe im grünen, flachen Land. So hoch, damit die Masten der Schiffe hindurchkommen. Deshalb galt auch die alte Grünentaler Brücke mit ihren 156 Metern Spannweite als technisches Wunderwerk. Unter großer Anteilnahme der Bevölkerung wurde die historische Brücke 1988 abgebrochen und durch ein modernes technisches Bauwerk – eine Auto- und Eisenbahnbrücke, die den Kanal effektvoll überspannt – ersetzt. Schauen Sie trotzdem vorbei, genießen Sie die Aussicht und winken Sie den großen Pötten nach, die tief unter Ihnen vorbeigleiten.

Meldorf | Erinnerungen werden wach ...

16 Das interessante Dithmarscher Landesmuseum bietet in einem Komplex aus vier Museumsgebäuden spannende Einblicke in zwölfhundert Jahre Dithmarscher Geschichte und Lebensweise. Berühmt geworden ist dieses Museum durch seine neuzeitliche Abteilung, die das vergangene Jahrhundert vorstellt. Eine Landarztpraxis aus dem Jahre 1952, ein Klassenzimmer mit Schiefertafel und Rechenmaschine, gut sortierte kleine Krämerläden, eine gemütliche Dorfkneipe und ein nostalgisches Kino wurden original und lebendig in Szene gesetzt, eine Spielzeugsammlung entführt in eine andere Welt. Man steht staunend davor, manches erscheint vertraut, einiges erinnert an die eigene Kindheit und Jugend ...

Dithmarscher Landesmuseum
Bütjestr. 2-4,
Di.-Fr. 10-16.30 Uhr,
Sa. + So. 11-16 Uhr

Meldorf | Bunte Segel im Wind

17 Fahren Sie in westlicher Richtung hinaus aus der Stadt: Im Speicherkoog finden Sie eine abwechslungsreiche Küstenlandschaft. Hinter den grünen Deichen können Sie in Ruhe Ebbe und Flut beobachten, ins Watt spazieren – und bisweilen auch dem Nordseewind trotzen. Anfänger und Fortgeschrittene finden sowohl vor dem Deich als auch im Speichersee des Kooges ein ideales Surfrevier. Auch Segler schätzen die durch die Gezeiten geprägte Meldorfer Bucht. Es macht Spaß, Surfern und Seglern zuzusehen, wie sie versuchen, die Balance zu halten, wie sie mit dem Wind kämpfen oder gekonnt über das Wasser gleiten. Falls Sie mehr an der Natur im Speicherkoog interessiert sind: Zwischen den Naturschutzgebieten landeinwärts und dem Nationalpark Schleswig-Holsteinisches Wattenmeer seewärts entdecken Sie ein Reservat für seltene Vögel und Pflanzen.

Friedrichskoog | Dem Meer abgerungen

18 Hier wandeln Sie auf ehemaligem Meeresboden. Die Spitze der grünen Halbinsel an der Dithmarscher Bucht mit Wasser, Strand und Land wurde ab 1853 dem Meer abgerungen und eingedeicht. Die Landzunge von Friedrichskoog-Spitze ragt weit in die Nordsee hinein. Auf dem grünen Deich schützen bunte Strandkörbe vor Sonne und Wind. Der Kutterhafen ist einer der wichtigsten an der Nordseeküste. Hier, wo eine Holzkutterwerft einst soliden Ruhm genoss, liegen noch rund 40 der 16 Meter langen Fischerboote, die Sie vielleicht auch zum Sportangeln mitnehmen. Wenn's nicht klappt, bleiben Sie getrost an Land und schauen Sie den bärtigen Fischern beim Flicken ihrer Netze zu.

Friedrichskoog | Hort für Heuler

19 Auf der anderen Seite des Kutterhafens befindet sich Schleswig-Holsteins einzige Seehund-Aufzucht- und Forschungsstation. Hier werden verloren gegangene Heuler, so nennt man die kleinen Seehundbabys, die vom Muttertier getrennt wurden, aufgepäppelt. Wenn sie selbstständig genug sind, werden sie in die Freiheit, ins offene Meer, entlassen. Es wird versucht, die jungen Seehunde möglichst artgerecht aufzuziehen und unnötige Kontakte zu Menschen zu vermeiden: So können die Jungtiere – ohne jegliche Störung – per Video beobachtet werden. Seehunde sind im gesamten Wattenmeer verbreitet. Einen Großteil ihres Lebens verbringen sie im Wasser. Um davon einen Eindruck zu vermitteln, wurde ein Wasserbecken naturnah angelegt, in dem erwachsene Seehunde schwimmen, tauchen, sich jagen, schlafen – oder einfach auf einer Sandbank faul in der Sonne liegen.

Seehundstation Friedrichskoog
tgl. 9-18 Uhr, Fütterungszeiten: tgl. 10.30 + 17.30 Uhr

Marne | Marner Märchen

20 In Dithmarschen wird nicht nur Getreide, sondern von alters her auch fleißig Skat gedroschen. Daran erinnert das Heimatmuseum 'Marner Skatclub'. Heute profitieren Sie davon, dass 1873 vermögende Bürger und Bauern ihren Klubraum immer wieder mit wertvollem Mobiliar ausstatteten. Aus den Mitbringseln – Möbel, Fayencen und Hausrat – wurde eine prächtige Mitgift für die Nachwelt.

Der Wissenschaftler Karl V. Müllenhoff (1818–1884) machte es möglich, dass die Marschenstadt auch zu Märchenruhm kam. Lesen und prüfen Sie es nach am hübschen Müllenhoff-Brunnen am Markt von 1934. Die Geschichte vom "Wunderbaum der Dithmarschen", die hier auf einer Tafel steht, ist nur eine Mär des Sammlers heimischer Märchen.

Heimatmuseum 'Marner Skatclub'
Museumsstr. 2, Di.-Fr. 15-17 Uhr, So. 10-12 Uhr

St. Michaelisdonn-Eddelak | Luftsprung über Dithmarschen

21 Gehen Sie mit einer Cessna in die Luft und genießen Sie den Überblick über das grüne Marschenland. Der Flugplatz von St. Michaelisdonn macht es möglich. Auskünfte erhalten Sie über den Dithmarscher Luftsportverein, während der Saison an den Wochenenden auch direkt auf dem Flugplatz. Kleinere Rundflüge dauern eine gute Viertelstunde. Von St. Michaelisdonn aus fliegen die motorisierten Vögel u.a. direkt zur Hallig Hooge, nach Pellworm oder Helgoland. Falls Sie trotz allem Bedenken haben sollten: Lauschen Sie in der Fliegerklause den Geschichten derjenigen, die bereits mehrmals in luftigen Höhen gekurvt sind. Vielleicht lassen Sie sich dann doch noch zu einem Kurzflug über Dithmarschen überreden.

Burg | Dem Wald auf die Schliche kommen

Waldmuseum
Obere Waldstraße, April-Okt. Di.-So. 10-12 + 14-17 Uhr

22 Wollen Sie mehr über unseren Wald und seine Pflanzenwelt wissen? In und um Burg tut man sein Bestes, damit Ihnen dies unterhaltsam und erholsam gelingt. Das Waldmuseum im Aussichtsturm – es ist im Ort ausgeschildert – informiert über Pflanzen und Tiere des Waldes, dem Sie auf einem der hier beginnenden Rundwanderwege in aller Frische begegnen. Einer davon führt durch eine bewaldete Altmoränenlandschaft. Besonders lehrreich ist die waldgeschichtliche Pflanzung: Auf rund 100 Metern Länge gehen Sie genau 15 000 Jahre Baumgeschichte ab. Wenn Sie Bäume gern auch von oben sehen, haben Sie vom 85 Meter hohen Aussichtsturm auf dem Wulfboom-Berg dazu Gelegenheit. Dort liegen Ihnen ein riesiges Waldgebiet und zahlreiche Wanderwege zu Füßen.

Hochdonn | Pott-Kieker

23 Damit die Schiffe an der Eisenbahnbrücke Hochdonn keinen Anstoß nehmen, hat man das 2200 Meter lange Stahlwerk 42 Meter hoch über den Nord-Ostsee-Kanal gebaut.
Fassen Sie die imposante Brücke auch von den (Rad-)Wanderwegen beiderseits der Wasserstraße ins Auge. Spannend wird es, wenn ein großer Pott hindurch will. Ob er es wohl schafft? So imposant dies alles scheinen mag, dem 1895 eingeweihten Kanal, der Kiel mit Brunsbüttel verbindet, wurde das bereits 1914 auf 103 Meter verbreiterte Bett wieder zu eng: Der Ausbau auf 160 Meter Breite ist abgeschlossen. Heute befahren rund zwanzig Prozent der Welthandelsflotte den Nord-Ostsee-Kanal. Eine stark frequentierte Wasserstraße!

Brunsbüttel | Das Dorf, das auf Wanderschaft ging

Heimatmuseum
April-Sept. Di., Do., Sa. + So. 14-17 Uhr, Mi. 10-12 + 14-17 Uhr

24 Um die Mitte des 17. Jahrhunderts musste Alt-Brunsbüttel wegen ständiger Deichbrüche den Wassern der Elbe überlassen werden. Die Einwohner erwarben landeinwärts Gelände, verlegten den Friedhof und einige Jahre später das ganze Dorf. Und das alles aus eigener Kraft. Ein Lehrer entwarf mit dem Lineal den neuen Bebauungsplan, den man noch heute am Markt sehen kann: ein Rechteck. Schlichte Fachwerkbauten aus dem 18./19. Jahrhundert bestimmen jetzt das Bild des anmutigen Ortskerns. Die kleine Jakobuskirche steht immer noch so da, wie sie nach dem Brand von 1719 wiederhergestellt wurde. Schauen Sie sich den großen Altar von 1640 an, der aus Glückstädter Kirchengut ersteigert wurde. Gegenüber steht mit dem Matthias-Boie-Haus einer der schönsten Fachwerkbauten des Landes und ein paar Schritte weiter das Heimatmuseum mit interessanten Exponaten aus Brunsbüttel.

Brunsbüttel | Hier hat man den Kanal ganz schön voll

25 An einem Punkt sind die Aussichten besonders gut, Einsicht in die technische Wunderwelt des Nord-Ostsee-Kanals zu bekommen: auf der Schleusenanlage. Selbst bei Ebbe steht hier das Wasser noch über 12 Meter hoch. Seien Sie Augenzeuge, wie sich massige Schiffskörper heben und senken, mächtige Schleusentore öffnen und schließen. Hier in Brunsbüttel hat man den Kanal fast immer schön voll. Zigtausende Schiffe durchfahren pro Jahr die Doppelschleusen dieser viel befahrenen Wasserstraße.

Im angeschlossenen Museum erfahren Sie interessante Einzelheiten über den Nord-Ostsee-Kanal, der 1995 – ebenso wie die Lotsenstation Brunsbüttel – auf über 100 erfolgreiche Jahre zurückblicken konnte.

Atrium an der Schleuse
Gustav-Meyer-Platz,
März-Nov.
tgl. 10.30-17 Uhr

Glückstadt | Vom Glück, in Glückstadt zu sein

26 Glückstadt verdankt seine Gründung eigentlich einem Unglück. Dem Dänenkönig Christian IV. fehlte ein Hafen in Holstein. Da packte der Herrscher das Glück beim Schopfe und setzte in die Wildnis eine Stadt wie vom Reißbrett. Seit fast 400 Jahren ist hier (fast) alles beim Alten geblieben. Das Zentrum wird beherrscht vom Renaissance-Rathaus, wo noch heute Christian IV. residiert – auf einem Gemälde in der Rathaushalle. Sehenswert ist auch das Brockdorff-Palais mit seiner Walfangsammlung. Entdecken Sie den königlichen Bauplan vom Markt aus. Sternförmig verlaufen von hier zwölf Straßen zu den ehemaligen Wallanlagen und zum Hafen der Stadt, der mit seiner langen, beschaulichen Häuserzeile zu den bedeutendsten Sehenswürdigkeiten Norddeutschlands gehört. Ein beliebter Treffpunkt für Segler aus nah und fern.

Detlefsen-Museum
Am Fleth 43,
Di., Fr., Sa. + So.
14-17 Uhr

Wischhafen | Verbindung ins Kehdinger Land

27 Gut fünf Kilometer ist die Elbe bei Glückstadt breit; sie bildet eine natürliche Grenze zwischen Schleswig-Holstein und Niedersachsen. Auf der anderen Seite ist das kleine Städtchen Wischhafen in Kehdingen durch die einzige Autofähre an der Unterelbe mit Glückstadt verbunden. Tagsüber im halbstündigen Takt, bei großer Nachfrage auch öfters, legen die Fähren ab. Die Überfahrt dauert mit An- und Ablegen eine halbe Stunde.

Seit 1622 ist die Fährschifffahrt an dieser Stelle nachgewiesen, ursprünglich mit kleinen, segelbetriebenen "Ewern". Ab 1868 setzte das Dampfzeitalter auch auf der Elbe ein. Heute wird die kurze Verbindung über die Elbe mit vier modernen Fährschiffen problemlos sichergestellt.

Hemmoor | Wenn Ihnen mal was Besonderes vorschwebt

28 Mitten in der Flusslandschaft um den Ort Osten steht eine eigenwillige Schwebefähre. Eine Menge Stahl, wie bestellt und nicht abgeholt. Das nostalgische Monument vor der St.-Petri-Barockkirche kostete die Gemeinde im Jahre 1909 gute 280 000 Goldmark. Davon trennt man sich nicht gern, auch wenn das Ding offiziell nicht mehr schwebt. 1974 ging dieses Wahrzeichen in Pension, 1976 wurde es zum Baudenkmal befördert. Seitdem rostet es, aber rastet noch nicht ganz. In der Saison werden Gäste auf Wunsch in dreißig Meter Höhe übergesetzt. Der idyllische Ort hinter dem Deich ist ein beliebter Reiter- und Angler-Stützpunkt. Versuchen Sie hier mal den schmackhaften Oste-Aal!

Wingst | Wo kleine Tiere groß geschrieben werden

29 Im Baby-Zoo Wingst ist Kinderreichtum Ehrensache. Innerhalb ihrer Tierfamilien wachsen die Kleinen mit spezieller Pflege artgerecht heran. Der Baby-Zoo ist ein beliebter Anziehungspunkt für kleine Gäste. Hier können sie einmal mit Tierkindern auf Tuchfühlung gehen, während die Tiereltern, darunter Tiger und Braunbären, in sicheren Gehegen untergebracht sind. Besonders Alpakas, Ziegen und Hängebauchschweine brauchen ihre Streicheleinheiten. Doch auch die Tierkinder des heimatlichen Bauernhofes fühlen sich wohl und laden zum Spielen ein. Für Stadtkinder ein unvergessliches Erlebnis.
Spazieren Sie anschließend zum Aussichtsturm des "Deutschen Olymp". Von dort oben reicht der Blick weit über das Land und bis zur Nordseeküste.

Wingst | Spiel und Spaß für einen ganzen Tag

30 Nahezu unbegrenzt sind die Sport- und Spielmöglichkeiten in der reizvollen Umgebung der Wingst, dem "grünen Herz" an der südlichen Nordsee. Das beheizte Hallen- und Freibad lockt mit seiner fast 100 Meter langen Wasserrutsche und macht unabhängig von den Launen der Natur. Bei gutem Wetter lädt der Spiel- und Sportpark zum Mitmachen ein. Neben den klassischen Freizeitbereichen wie Tennis oder Minigolf begeistert die rund 500 Meter lange Sommerrodelbahn mit Schleppaufzug, die sich in vielen Kurven durch die Landschaft schlängelt.
Wer will, spaziert zum Freizeithaus oder zum großen Grillplatz und lässt sich dort zum Picknick nieder. Spielgeräte für jedes Alter sorgen für Abwechslung. Außerdem bieten attraktive Angebote, wie das Indianerdorf oder der lustige Wasserspielplatz, eine Fülle von Möglichkeiten für kindlichen Tatendrang und kreativen Spielbetrieb.

Baby-Zoo Wingst
Hallen- und Freibad Am Dobrock
Spiel- und Sportpark Wingst
Schwimmbadallee, April-Okt. tgl. ab 10 Uhr

Balje | Einmaliger Lebensraum

31 Das Natureum Niederelbe liegt zwischen Watt- und Wiesenflächen im Feuchtgebiet der Elbmündung. Es stellt Ihnen die Unterelbe zwischen Hamburg und Cuxhaven sowie das Wattenmeer als einmaligen Lebensraum vor. Vom Aussichtsturm – er ist mit hochwertigen Fernrohren ausgestattet – überblicken Sie den Mündungstrichter der Elbe: Vor den Beobachtungsstationen zeigen sich im Jahresverlauf mehr als 100 Vogelarten. Das Natureum Niederelbe bei Balje ist mehr als ein Museum: Ein Rundweg führt u.a. zu einer Wetterstation mit Computerinformation und zu einem historischen Elbkutter. Und in speziellen Erlebniszonen entdecken Kinder durch kleine Experimente die Natur – auf spielerische Art und Weise.

Natureum Niederelbe
Neuenhof 8, ganzjährig geöffnet

Otterndorf | Auf Kopfsteinpflaster ins Himmelreich

32 "Die Stadt ist sauber, und wunderschön sind die Fachwerkhäuser. Alles ist frisch und gut in Farbe." Das schrieb Otterndorfs berühmtester Sohn, Schulmeister und Poet J. Voß, vor rund 200 Jahren. Man kann diesen Satz noch heute unterschreiben. Rund um die St.-Severi-Kirche mit ihrem reich geschmückten Innenraum gelangen Sie auf Altstadt-Kopfsteinpflaster flugs ins "Himmelreich". Hier liegen die ehemalige Lateinschule, das Pastorat und einige Schritte weiter das Voß-Haus. In diesem Gebäude übersetzte der Dichter die 'Odyssee' und trank Kaffee im idyllischen Garten am Flüsschen Medem. Voßens Schriften und Schreibtisch finden Sie heute in der Reichenstraße – im Kranichhaus-Museum.

Kranichhaus-Museum
April-Okt. Di.-Fr. 10-12 + 14.30 - 16.30 Uhr, Sa. + So. 14.30-16.30 Uhr,

Otterndorf | Alles im Fluss

33 Die Medem zieht sich bedächtig durch Otterndorf, dessen Gesicht sie entscheidend mitgeprägt hat. So war sie neben der Elbe und dem Hadelner Kanal für die vom Wasser geprägte Stadt ein wichtiger Wirtschaftsweg. Heute bieten moderne Fahrgastschiffe romantische Ausflugsfahrten auf der Medem an. Steigen Sie zu oder mieten Sie sich ein Ruderboot. "Erfahren" Sie den Fluss im wahrsten Sinne des Wortes, lernen Sie die idyllische Wasserwelt auf Ihre persönliche Art kennen.

Ein besonders sehenswerter Zeitzeuge ist die alte Kanalschleuse. Als nostalgisches Baudenkmal dient sie auch heute noch der Sportschifffahrt. Elegante Jachten und herausgeputzte Hausboote dümpeln im angrenzenden Seglerhafen und warten auf den richtigen Wind. Legen Sie bei Ihrem Strandspaziergang hier eine Pause ein. Vielleicht fährt gerade ein Luxusliner vorbei – auf dem Weltschifffahrtsweg vor Otterndorf.

Otterndorf | Großer Wasserspaß für kleine Leute

34 Sie liegen direkt hinterm Deich und sind im Sommer der absolute Renner: die beiden Badeseen 'Achtern Diek' mit ihren großen Liegewiesen. Unabhängig von Ebbe und Flut lädt hier das Element Wasser zum feucht-fröhlichen Vergnügen. In der "Nordsee" wird Schlauchboot gefahren, getaucht, geschwommen und mit viel Spaß die Wassermatschanlage getestet. In der "Südsee" lernen große und kleine Wasserratten das Windsurfen. Unermüdlich versuchen sie, mit ihren bunten Segeln elegant über das Wasser zu gleiten.

Ein Fussweg führt über den Grünstrand und die große Spielwiese zum Watt. Das ständige Kommen und Gehen von Ebbe und Flut lässt sich von hier aus besonders eindrucksvoll beobachten. Sie wollen Abwechslung vom kühlen Nass? Die Landschaft um Otterndorf ist platt wie eine Flunder und – sofern der Wind nicht allzu sehr bläst – ideal zum Radeln.

Cuxhaven | Aus zwei mach eins: Schloss Ritzebüttel

35 Im ehrwürdigen Ortsteil Ritzebüttel ist Cuxhaven am ältesten. Besuchen Sie dort das von einem hübschen Park umgebene Schloss. Der hintere Teil ist die einstige Steenborgh, von der aus die Ritter von Lappe im 14. Jahrhundert ihre Ländereien kontrollierten.

1394 wurde die Hamburger Flagge auch auf Schloss Ritzebüttel gehisst. Die Hamburger fügten im 16. Jahrhundert einen frühbarocken Vorbau an, in dem die hanseatischen Amtmänner mit Strenge residierten. Hinter den dicken Mauern befindet sich im ersten Obergeschoss ein großer Festsaal, das Zentrum des Gebäudes. Eine Treppe höher werden interessante Wechselausstellungen präsentiert. Heute bildet Schloss Ritzebüttel – zusammen mit dem Stadtmuseum – ein viel beachtetes Kulturzentrum.

Schloss Ritzebüttel
Di. + Do. 9.30-12.30 + 14-16.30 Uhr, Mi. 9.30-12.30 Uhr, Fr. 14-16.30 Uhr, Sa. + So. 9.30-12.30 Uhr
Stadtmuseum
Südersteinstr. 38, Mo. + Sa. 10-13 Uhr, Di.-Fr. 9-13 + 15-18 Uhr

Cuxhaven | Die "Alte Liebe" rostet nicht

36 Das mit der alten Liebe dürfen Sie nicht so genau nehmen. "Olivia" hieß eines von drei ausrangierten Schiffen, die 1732 an dieser Stelle versenkt wurden, um ein Bollwerk zu bilden. Fortan nannten die Seebären den früheren Anleger für Elbeschiffe "De Olliv". Bis zur alten Liebe war es sprachlich nicht mehr weit. Die "Alte Liebe" wurde im Laufe ihrer langen Geschichte immer wieder um- und ausgebaut. Heute ist sie wieder das, was sie am Anfang war: eine Aussichtsplattform. Statten Sie ihr unbedingt einen Besuch ab: Cuxhavens schönster Blick aufs Meer und die vorbeifahrenden Schiffe gibt es eben nur von der "Alten Liebe". Kein Wunder, dass sie die Fantasie ganzer Künstlergenerationen beflügelte.

Cuxhaven | Sehmeile für Sehleute

37 Starten Sie bei der "Alten Liebe" zu einer Wanderung zum Kurpark und zur Kugelbake. Der erholsame Törn geht immer am grünen Strand entlang vorbei am Bojenbad Grimmershörn. An der Elbmündung ist für Sie schon das vielseitige Musterbuch der internationalen Seefahrt aufgeschlagen: Die Kugelbake, Cuxhavens Wappenschmuck, passieren jährlich Tausende Schiffe – mehr als in den bekannten Kanälen von Suez oder Panama fahren.

Lange diente die Kugelbake den Seeleuten als nautisches Zeichen. Mit der modernen Radarlotsung hat sie allerdings ihre eigentliche Bedeutung verloren. Aber immer noch zeigt die 29 Meter hohe Kugelbake an, dass das Ende einer Seereise in Sicht ist – und dass an dieser Stelle die Elbe endet und das offene Meer beginnt.

Cuxhaven | Versunken – und an Land gezogen

Wrackmuseum
Dorfstr. 80, April-Okt. Di.-Fr. 9-13 + 15-18 Uhr, Sa. + So. 10-13 + 15-18 Uhr

38 Von Stickenbüttel aus können Sie gefahrlos in die Tiefen der Deutschen Bucht tauchen. Den praktischen Teil haben nämlich schon mutige Leute für Sie erledigt: Tiefseetaucher. Was diese Männer vom Meeresgrund holen, ist in Deutschlands einmaligem Wrackmuseum zu sehen. Ungezählte Zeugnisse aus zum Teil jahrhundertealten Wracks spielen hier Reporter des Schicksals. Gingen doch durch Strandungen, Kollisionen und Stürme Schiffe aller Größen und Nationen verloren. Aufschlussreiche Dokumente zeigen Bergung und letzte Reise der einzelnen Schiffe, die menschlichen Schicksale und Rettungsversuche. Ein gutes Beispiel bietet die 'Vandalia'. Im Dezember 1912 hat

das Schiff den Hamburger Hafen in Richtung Rio de Janeiro verlassen – mit vielen Dingen des täglichen Lebens. Doch schon vor der Elbinsel Krautsand ging die Reise zu Ende: Das Schiff wurde von einem Schleppzug gerammt und sank innerhalb weniger Minuten.
An Kuriosem wird im Wrackmuseum auch nicht gespart. Schauen Sie sich einfach mal um! Auf dem Freigelände liegt das Wrack des Fisch-Ewers 'Wilhelmine'. Die Dame erlitt 1927 auf dem Medemsand in der Elbmündung gründlich Schiffbruch.

Cuxhaven | Noch mehr Meer

39 Es war der Philosoph G. Chr. Lichtenberg, der 1793 Cuxhaven als einen der besten Plätze für ein deutsches Seebad nach englischem Vorbild empfahl. Doch es sollten noch 23 Jahre vergehen, bis der Badebetrieb aufgenommen wurde. Heute ist er ein fester Bestandteil des Nordseeheilbades. Unübersehbar sind die gepflegten Sandstrände in den Stadtteilen Döse und Duhnen. Die gelben Strandkörbe – markante Wahrzeichen dieses Seebades – zaubern noch mehr Sonne ins Cuxhavener Badeleben. In endlosen Reihen schützen sie vor Wind und neugierigen Blicken und sind gleichzeitig ein guter Beobachtungsposten für das abwechslungsreiche Geschehen im Watt. Dahinter verlaufen die langen Promenaden, die zum Bummeln, Schauen und Verweilen einladen. Wer will, kann den gesamten Abschnitt zwischen Duhnen und der 'Alten Liebe' ganz beschaulich mit den Strandbahnen 'Jan-Cux-Express' und 'Cuxi-Bahn' kennen lernen.

Cuxhaven | Wald am Watt

40 Einer der beliebten Cux-Ringwanderwege erinnert an den Hamburger Amtmann Werner, der 1878 direkt an die Nordseeküste einen Kiefern- und Mischwald pflanzen ließ und damit die erfrischende Kombination von Ozean und Ozon schuf.

Sie beginnen Ihre Wanderung am Lohmsmoor in Sahlenburg und gelangen nach kurzer Zeit in das Landschaftsschutzgebiet Wernerwald. Schwarzkiefer- und Fichtenbestände, Heidekraut und Glockenheide, Krähenbeeren und stattliche Bauten der Roten Waldameise säumen Ihren Weg. Sie erreichen die Nordsee und blicken über die Weite des Wattenmeeres, gehen am Waldrand mit seinen heidebewachsenen Dünen entlang und stoßen auf das Finkenmoor – ein lauschiges Brutgebiet von Stockenten und Haubentauchern.

Cuxhaven | Barfuß auf dem Meeresboden

41 Das Naturschauspiel von Ebbe und Flut beeindruckt immer wieder aufs Neue. Statt der unendlichen Wasserfläche liegt plötzlich das braungrau schimmernde Watt vor Ihnen, mit flachen Pfützen und kleinen Wasserläufen, den Prielen. Hier und da bleiben Krebse und Muscheln zurück, Möwen lassen sich lautstark nieder. Es verlockt, hinauszuwandern: Der geriffelte Wattgrund massiert die bloßen Füße, auch wenn er sich ab und zu schlickig anfühlt. Für Kinder ist es eine wahre Wonne, dort zu buddeln und im flachen Wasser zu planschten. Doch Vorsicht ist geboten: Die Zeiten des ab- und auflaufenden Wassers – es wechselt alle sechs Stunden – müssen streng beachtet werden. Tafeln am Strand zeigen die Wattwanderzeiten an. Zu empfehlen sind Führungen in den Nationalpark Wattenmeer mit ausführlichen Informationen über die Tier- und Pflanzenwelt dieser einmaligen Naturlandschaft.

Insel Neuwerk | Diese Insel gehört zu Hamburg-Mitte

42 Das hätten Sie nicht gedacht: Hamburg-Mitte liegt mitten in der Nordsee! Doch dies geht mit rechten Dingen zu. Die 300-Hektar-Insel gehört den Hamburgern praktisch seit rund 700 Jahren. Es ging seinerzeit um die Sicherung der Schifffahrt. Dafür bauten die Hanseaten den heute ältesten und damals wehrhaftesten Leuchtturm. Mit 35 Metern Höhe ist der Ziegelbau in der Deutschen Bucht immer noch eine gute Leuchte. Von der Aussichtsplattform, die über eine 138-stufige Treppe zu erreichen ist, blicken Sie auf das 'Nige Wark' hinunter, aus dem später Neuwerk wurde. Der einstündige Inselrundgang führt Sie u.a. auch zum "Friedhof der Namenlosen". Hier fanden unbekannte Seeleute ihre letzte Ruhe. Kommen Sie bei Ebbe mit Pferd und Wagen über den Meeresgrund und fahren Sie mit dem Bäderschiff 'Flipper' wieder zurück nach Cuxhaven – oder umgekehrt.

Cuxhaven – Helgoland | Bewegendes Vergnügen

43 Zur roten Felseninsel auf dem 54. Breitengrad gibt es viele Wasserwege. Von der "Alten Liebe" in Cuxhaven fährt in nur 75 Minuten der schnelle 'Hanse Jet' zur Hochseeinsel. In noch kürzerer Zeit flitzt der feuerrote Super-Katamaran 'Cat No I' über die Nordsee. Wer es geruhsamer will, reist mit der 'Wappen von Hamburg'. Sie ist das größte, eleganteste und schnellste Seebäderschiff – ausgezeichnet mit dem 'Blauen Band' der Helgolandflotte –, das die 35 erholsamen Seemeilen in gut zwei Stunden zurücklegt. Querab von Cuxhaven haben nicht nur Seeleute viel zu sehen. Sandbänke, die Insel Neuwerk und die Feuerschiffe Elbe 3 und 1 grüßen in der Deutschen Bucht. Das ehemalige Feuerschiff Elbe 2 stellt sich als neuer Leuchtturm vor.

Was diese Inselfahrt von den beiden anderen Törns unterscheidet, ist das Ausbooten vor Helgoland. Bei unruhiger See ein recht bewegendes Abenteuer.

Nordholz | Faszination Fliegen

AERONAUTICUM
tgl. 10-18 Uhr

44 Im AERONAUTICUM, am ehemaligen Luftschiffplatz Nordholz gelegen, wird die Faszination Fliegen eindrucksvoll demonstriert. In der Museumshalle steht die Luftschifffahrt im Vordergrund. Hätten Sie gewusst, dass die Passagierluftschiffe 'Hindenburg' und 'Graf Zeppelin' jeweils über 230 Meter lang waren oder bei welcher Gelegenheit die Sukhoi SU 22 M 4 Fitter-K eingesetzt wurde? Im AERONAUTICUM erfahren Sie es – und natürlich noch vieles andere mehr. Auf dem Freigelände sind Originalhubschrauber und -flugzeuge zu sehen, die nach 1945 bei der deutschen Marine (Ost und West) im Einsatz waren. Interessante Zeugnisse der jüngsten deutschen Geschichte.

Dorum | Krabben – direkt vom Kutter

45 Der Kutterhafen am Dorumer Tief ist der größte der Wurster Marsch. Entsprechend groß sind auch die Chancen für Mitfahrer. Fragen Sie Hein oder Fietje am Siel. Das ist dort, wo das Dutzend bunter Boote träge auf dem Schlick liegt, wenn sich das Wasser Schluck für Schluck zurückgezogen hat. Zwangloses Krabben essen aus der Tüte ist hier Volksvergnügen – frisch vom Kutter. Spaß macht auch eine Radtour durchs grüne Wursten, wo die Höfe auf Wurten (Erdhügel) stehen, damit sie vom Hochwasser nicht erreicht werden. Im nahen Cappel liegt ein sehenswerter Erdhügel: die Kirchwurt. Dort in St. Peter und Paul erklingt eine Arp-Schnittger-Orgel, fast immer mit Werken von J. S. Bach. Hätten Sie das hier erwartet?

Dorum | Hochsensibles Ökosystem

46 Das Wurster Land gilt als das "Tor" zum Nationalpark Niedersächsisches Wattenmeer. Hier erleben Sie eine der letzten großräumigen Naturlandschaften Mitteleuropas. Mit diesem Nationalpark wird versucht, der Gefährdung des amphibischen Raumes durch die vielfältigen menschlichen Eingriffe entgegenzuwirken. Im Watt tummeln sich Millionen kleinster Lebewesen auf nur einem Quadratmeter Raum. Unzählige seltene und geschützte Vögel finden hier ihre Nahrung. Voller Leben sind auch die Priele mit Muscheln, Seesternen, Krabben und Krebsen. Zur Vertiefung Ihrer Eindrücke im Watt bietet sich ein Besuch im Informationszentrum Niedersächsisches Wattenmeer in Dorum-Neufeld an. Es ist auch Anlaufstelle für geführte Wattwanderungen, Vogel- und Salzwiesenführungen oder für eine Fahrt auf dem Informationsschiff 'Nordstern'. Der Bereich vor dem Informationszentrum lädt zum Sonnen ein und gibt den Blick frei auf das Watt mit seinem hochsensiblen, schützenswerten Ökosystem.

Informationszentrum Nationalpark Niedersächsisches Wattenmeer Dorum-Neufeld
Nationalparkhaus
Di.-Fr. 13-18 Uhr,
Sa. + So. 11-17 Uhr

Wremen | Makkaroni und Dauerwellen

47 Der Name ist zutreffend: Das zersplitterte, graue Schneckengehäuse muss einfach "hässliches Entlein" heißen. Auf gewisse Weise ist das Entlein, das einmal eine Schnecke war, ein Symbol für die Sammlung im 'Kuriosen Muschel-Museum' in der Rosenstraße. Dieses Museum hat sich die Aufgabe gestellt, seinen großen und kleinen Besuchern die Vielfalt der Natur näher zu bringen: Gehäuse von Muscheln und Schnecken aus vielen Teilen der Welt beeindrucken durch ihre Formen und Farben. Verzichtet wird in diesem Museum auf wissenschaftliche oder lateinische Bezeichnungen. Stattdessen findet der Gast fantasievolle Namen, die sich auf Form, Farbe oder das Muster beziehen. Einige regen zum Nachdenken an, andere provozieren ein Schmunzeln oder ein lautes Lachen. Und so heißt die weiß-gelbe Schönheit mit den kleidsamen Schuppen statt "Tridacha Squamora" einfach "Dauerwelle", und die geringelte Wurmschnecke hört auf den Namen "Makkaroni" – und so sieht sie auch aus.

Kurioses Muschel-Museum
Rosenstr. 4,
Di.-So. 11-17.30 Uhr

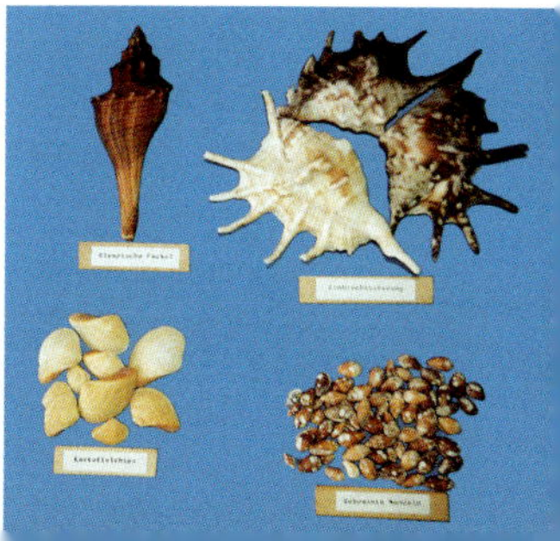

Bad Bederkesa | Ahnenforschung

48 Im Flögelner Holz sind Natur- und Kulturfreunde gleich gut aufgehoben. Das Gebiet war schon immer eine Fundgrube für Archäologen. Die Geestinseln, sandige Erhebungen zwischen den Mooren, haben die Spuren des Menschen besonders gründlich bewahrt. Wenn Sie wollen, können Sie dort Ihre Ahnen am Vorgeschichtspfad schier endlos verfolgen – zurück bis in die Jungstein- und Bronzezeit. Dieser knapp drei Kilometer lange Weg beginnt an der Straße Flögeln–Flickmühlen und führt an vorgeschichtlichen und mittelalterlichen Fundplätzen vorbei. So lernen Sie neben Großsteingräbern auch mittelalterliche Wegespuren kennen. Falls Sie aber nur schlicht wandern wollen, folgen Sie den Wegezeichen mit Fuchs, Eule, Hase, Wildschwein oder Eichhörnchen. Moosteppiche, Farnkraut und weiße Lupinen grüßen am Weg – und Eichelhäher begleiten Ihre Tour.

Bad Bederkesa | Ritterstätte am See

Museum
Bad Bederkesa
Amtsstr. 17,
Di.-So. 10-18 Uhr

49 Bad Bederkesa, ein malerischer Kurort, eingebettet in eine Hügellandschaft mit weiten Wiesen, intakten Wäldern und Seen, lädt zum Bummeln, Schauen und Entdecken ein. Hauptattraktion des Ortes ist jedoch die Wasserburg der Ritter von Bederkesa, deren Herrschaft bereits um 1500 endete. Die Burg kam anschließend in Bremer Besitz, das Amt Bederkesa wurde von hier aus verwaltet. Aus dieser Zeit stammt auch die Brunnenfigur des Roland im Vorhof. Treten Sie ein – und statten Sie dem sehenswerten Museum für Archäologie und Kulturgeschichte, das hier eine würdige Bleibe fand, einen Besuch ab. Das Burgmuseum lockt außerdem mit interessanten Vorträgen und Veranstaltungen sowie ständig wechselnden Kunstausstellungen. Ein Grund mehr, die ehemalige Ritterstätte am See zu besuchen.

Bad Bederkesa | Sagen Sie doch einfach Beers

50 Der Name des Fleckens wird oft falsch ausgesprochen. Nennen Sie ihn ortsüblich einfach Beers. Schließlich heißt auch der Hafenmeister Onkel Heini. Bis zu 180 Boote kann er am Geeste-Elbe-Kanal vor dem Bederkesaer See festmachen. Doch Beers schätzt Besucher auch als Landratten und Teilzeitkapitäne. Der rund 200 Hektar große flache Moorrandsee hat eine Bootsvermietung und bietet Seerundfahrten mit einer Barkasse an. Ein gut sieben Kilometer langer Wanderweg führt lässig um ihn herum. Falls Sie länger bleiben wollen, können Sie die Vorzüge der Vier-Seen-Platte genießen: Bederkesaer, Flögelner, Halemer und Dahlemer See sind gediegene nordniedersächsische Hausmannskost.

Langen | Wo sich die Heiden in der Heide verschanzten

51 Auch Hermann Löns hätte hieran seine Freude: ein wunderschönes Stück Heide nahe der Nordsee. Man fährt leicht daran vorbei. Lassen Sie – von Bremerhaven aus – Sievern links liegen und fahren Sie rechts der B 6 auf den Parkplatz. Ihre Wanderung beginnt an der Pipinsburg, einem Herrensitz aus dem 10. Jahrhundert. Sie ähnelt einem Topfkuchen: Man hat den Burgberg in jüngster Zeit abgeholzt, damit die Formen besser zu erkennen sind. Komische Namen gibt's noch mehr, beispielsweise Bülzenbett. Ein Pfad zwischen Birken und Eichen führt Sie in dieses Steingrab (2000 v. Chr.), eines der größten in der Gegend. Es sollte Ihnen eine kleine Wanderung wert sein. Rund 500 Meter weiter steht die Heidenschanze (100 v. Chr.). Die einst wehrhafte Ringanlage liegt heute wehrlos da. Aber heute gibt es ja auch die Heidenstadt nicht mehr. Nur Reste zeugen noch von ihr.

Langen | Sagenhafter Turm

52 Am Deich zwischen Imsum und Wremen hat der alte Ochsenturm das Sagen. Er erzählt Ihnen gern eine alte Legende: Anfang des 13. Jh.s wollten die Imsumer und die Weddewardener eine Kirche bauen. Doch es gab Kompetenzgerangel. Zwei Ochsen sollten entscheiden. Wohin der stärkere den schwächeren ziehen würde, dort wollte man den Bau errichten. Die vertäuten Tiere indes ließen sich einträchtig am Deich nieder. Genau da, wo sich der Kirchenrest (das Schiff wurde 1895 abgebrochen) heute so trutzig ausmacht, baute man das Gotteshaus. Verweilen Sie in seinem Windschatten und steigen Sie dem Turm aufs greise Haupt. Aus luftiger Höhe sehen Sie zudem mit einem Blick, wo Sie stundenlang gehen können: immer auf dem grünen Deich entlang.

Bremerhaven | Freizeitpark mit Langzeitwirkung

Volkskundliches Freilichtmuseum Speckenbüttel
Parkstr. 9,
April-Sept. Di.-Sa. 14-18 Uhr, So. 10-12, 15-18 Uhr

53 Die alten Bremerhavener waren ihrer Zeit weit voraus. Schon im Biedermeier schufen sie sich in Speckenbüttel einen fixen Freizeitpark, in dem heute allerdings das Tempo reduziert ist. Wo früher Pferderennen stattfanden, da fliegen jetzt Tennisbälle, die Gangarten aber sind gemächlich geworden. Das wilhelminische Parktor ist pompöser Eingang nach Speckenbüttel. Hier liegen Marsch und Geest kaum einen Steinwurf auseinander. Laden Sie sich einfach bei den Marsch- und Geestbauern des 17. Jahrhunderts ein, deren Originalhöfe hier im Freilichtmuseum stilvoll konserviert wurden. Bereits vor

100 Jahren stand als erstes Gehöft das 1629 erbaute Rauchhaus aus Lintig. Zwei Jahre später wurde aus Köhlen das Altenteilerhaus von 1667 umgesetzt, und Mitte des 20. Jh.s erweiterte man die Anlage um das 1731 erbaute Junkerhaus eines wohlhabenden Bauern aus der Wesermarsch. Wenn Sie gemächlich durch das Volkskundliche Freilichtmuseum spazieren, merken Sie schnell, was damals reich und arm war. Im Marschenhaus gibt's am Wochenende Kaffee und Kuchen. Im verräucherten Geesthaus dagegen gibt's nicht einmal einen Holzfußboden.

Bremerhaven | Von hier aus ging's in die weite Welt

54 In Bremerhaven nahmen Generationen von Auswanderern für immer Abschied vom europäischen Kontinent. Insgesamt wanderten zwischen 1832 und 1914 über Bremen und Bremerhaven mehr als fünf Mio. Menschen aus. Armut oder religiöse Verfolgung zwangen sie, sich jenseits des Atlantiks ein besseres Leben zu suchen. Gehen Sie auf Spurensuche: In der Auswanderer-Ausstellung 'Aufbruch in die Fremde' an der Deichpromenade begeben Sie sich mit zwei Auswanderern auf eine Reise durch Zeit und Raum. In nachgestellten Szenen mit historischen Ausstellungsstücken und Figuren werden Sie in eine längst vergangene, oft leidvolle Zeit zurückversetzt. Begleiten Sie die Auswanderer Johann Möller, der im Jahre 1854 aufbrach und Jadwiga Bachleda, die 1907 Deutschland verließ. Nehmen Sie teil an ihren Hoffnungen und Ängsten auf den abenteuerlichen Reisen von der alten Heimat Bremen und Bremerhaven, an der Überfahrt nach New York und auf ihrem Weg in die neue Heimat.

Wenn Sie dann anschließend am Deich spazieren gehen, entdecken Sie in der Nähe des Pingelturms das Denkmal einer Auswandererfamilie. Hier begann ihr langer, gefahrvoller Weg übers offene Meer nach Amerika.

Auswanderer-Ausstellung'
Deichpromenade, April-Okt. Di.-So. 10-18 Uhr

Bremerhaven | Weit gereiste Frackträger

Zoo am Meer
Am Weserdeich,
April-Okt.
tgl. 8.30-18 Uhr,
Nov.-März
Mo.-Fr. 9-17 Uhr,
Sa. + So. 10-16 Uhr

55 Immer wieder vermitteln Durchblicke zur Weser die unendliche Weite der dargestellten Wasser-Landschaften: Unterwassereinblicke eröffnen Ihnen im 'Zoo am Meer' eben ganz andere Dimensionen mit fliegenden Pinguinen, tauchenden Eisbären und elegant gleitenden Robben. In diesem Zoo entdecken Sie die Tierwelt des Nordens und der Weltmeere. Einer der Hauptanziehungspunkte ist die erfolgreiche Eisbärenzucht, mit der sich dieser Zoo zu Recht schmückt. Doch auch das stille Unterwasserreich des Nordseeaquariums hat seine Bewunderer. Wenn Sie die Meerestiere einmal ganz anders erleben möchten, kommen Sie dienstags oder mittwochs um Punkt 13 Uhr zum medizinischen Pflegetraining. Hier lernen die Tiere u.a., dass bestimmte Verhaltensweisen auch bestimmte Konseqenzen nach sich ziehen. Ähnlich eindrucksvoll gestaltet sich die tägliche Fütterung von Seelöwen, Eisbären und Pinguinen, die täglich zwischen 10.30 und 15.30 Uhr stattfindet. Die lustigen Pinguine sind übrigens der besondere Stolz des 'Zoos am Meer': Mit ihren "Stars" Kralli und Ulla stellen sie sich selbstbewusst den Zuschauern.

Bremerhaven | Ein Schiff wird kommen ...

56 Mitten im Herzen von Bremerhaven, am Anleger Ponto-Seebäderkaje, starten die beliebten Weser-Minikreuzfahrten. In einer erlebnisreichen Stunde geht es vorbei an der Skyline von Bremerhaven. Sie passieren die weltbekannte Columbuskaje mit den großen Kreuzfahrtschiffen, die von Bremerhaven zu ausgedehnten Traumreisen starten. In unmittelbarer Nachbarschaft löschen auch zahlreiche Frachtschiffe aus nah und fern ihre Ladung. Nun folgt die riesige Containeranlage 'Wilhelm Kaisen', in der in Tag- und Nachtbetrieb die größten Containerschiffe der Welt abgefertigt werden.

Sind Sie neugierig geworden? Die M.S. 'Lale Andersen' lädt Sie ein, die Seestadt Bremerhaven von ihrer aufregendsten Seite kennen zu lernen.

Bremerhaven | Der Historie auf der Spur

57 Das Morgenstern-Museum an der Geeste verfolgt in abwechslungsreichen Ausstellungsbereichen ein modernes, aktives Konzept: In lichtdurchfluteten Räumen wird die Geschichte einer großen Seehafenstadt erlebt. Das wird deutlich beim maritimen Touch der Gründungsgeschichte Bremerhavens und seiner damals wie heute weltbekannten Häfen. Vor allem auch bei der Dokumentation von Hochseefischerei und Fischwirtschaft. Im Museum ist übrigens das Original eines rund 70 Jahre alten Fischgeschäfts ausgestellt. Und für Bremerhavens erfolgreiche Marinegeschichte steht Admiral Brommy am Fernrohr, der Mitte des 19. Jahrhunderts für den Aufbau der ersten deutschen Reichsmarine verantwortlich war.

Morgenstern-Museum
An der Geeste,
Di.-So. 10-18 Uhr

Bremerhaven | Nimm micht mit, Kapitän ...

58 Gegen Fernweh gibt es ein wirksames Mittel: das deutsche Schifffahrtsmuseum am alten Hafen. Hier stillt man Sehnsucht auf dreifache Weise: mit Modellen von Ozeanriesen, die durch eine originalgetreu aufgebaute Hafenanlage gesteuert werden, durch eine umfangreiche Schausammlung, die einer aufregenden Entdeckungsreise durch die Geschichte der Seefahrt gleicht und durch den großen Freibereich im Hafen. Dort schaukeln die Veteranen der See:, u.a. eine Admirals-Cup-Jacht, eine hölzerne Bark sowie ein Küstensegler, der 1868 die erste deutsche Nordpolarexpedition beförderte, und ein richtiges U-Boot, exakt 76 Meter lang.

Aufregende Schiffe zum Anfassen, auf denen die Seefahrt hautnah erlebt werden kann.

Schifffahrtsmuseum
Hans-Scharoun-Platz
April-Okt. tgl. 10-18 Uhr, Nov.-März Di.-So. 10-18 Uhr
Museumshafen + Technikmuseum U-Boot Wilhelm Bauer
April-Okt. tgl. 10-18 Uhr

Bremerhaven | Blick in die Tiefen des Ozeans

Atlanticum
tgl. 10-18 Uhr

59 Das 'Atlanticum' im Forum Fischbahnhof gilt als die Informationszentrale rund um das Thema Fische und Meer. Der Rundgang beginnt mit einer lebendig bunten Bilderfolge über die Entstehung der Erde, der Ozeane und die Entwicklung des Lebens im Meer. Herzstück des 'Atlanticums' ist das 150 000 Liter Meerwasseraquarium. Fische und Krustentiere der Nordsee und des Nordatlantiks schwimmen um ein versunkenes Wrack.
Der Besucher "wandert" durch diese Welt, sieht über sich Plattfische und Seesterne und gelangt anschließend in den Fischereihafen. Der Wechsel von Ebbe und Flut lässt sich im Gezeitenbecken im 12,5-Minuten-Takt gut beobachten. Weitere Themen können an Computerstationen selbst zusammengestellt oder abgefragt werden. Eine ganz besondere Attraktion bietet das 'Atlanticum' jeden zweiten Donnerstag, wenn ein Taucher ins Aquarium steigt und von Hand die Fische füttert.

Bremerhaven | Treffpunkt Schaufenster Fischereihafen

60 Wenn Sie schon immer wissen wollten, wie Fisch filetiert oder geräuchert wird, dann werfen Sie doch einen Blick hinter die Kulissen der Fisch verarbeitenden Betriebe Bremerhavens. Im Rahmen einer Führung erfahren Sie eine Menge über den historischen Fischereihafen und nebenbei amüsante Anekdoten, die nicht immer nur Seemannsgarn sind.
Das 'Schaufenster Fischereihafen' im historischen Teil dieses Hafens entwickelte sich zu einem beliebten Treffpunkt. Die maritime Attraktion aus Unterhaltung, Information und Gastronomie wird sehr geschätzt. Im alten Hafenbecken liegen das urige "Pannkokenschip" und der Seitenfänger 'Gera' vor Anker. Falls Sie interessiert sind: Ein ehemaliger Kapitän der 'Gera' führt auf Wunsch durch das schmucke Schiff.

Bremervörde | Farben- und Blütenmeer am See

61 "Schön ist's auf der ganzen Erde, am schönsten doch in Bremervörde." Ob der Malerpoet Wilhelm Busch, der im Jahre 1878 Bremervörde diese Zeilen anlässlich seines Besuches widmete, Recht hat, sollten Sie selbst überprüfen. Bremervörde – das Herz im Elbe-Weser-Dreieck – überrascht mit einem gut erhaltenen Stadtkern und einer reizvollen Umgebung. Spazieren Sie zum Vörder See und genießen Sie die wechselnden Stimmungen, die dieses Gewässer hervorzaubert. In Rot, Weiß und Lila präsentiert sich im Frühsommer der Rhododendronpark, und im Rosengarten entfaltet ein Blütenmeer in vierzig Farben einen unvergleichlichen Duft. Die niedersächsische Hofanlage 'Haus am See' – mit Apotheker- und Bauerngarten – lädt zur Rast. Von der Gartenterrasse reicht der Blick über die reizvollen Gartenanlagen zum Vörder See, der hinter Büschen und Bäumen dunkelblau hervorschimmert.

Bremervörde | "Grünes Klassenzimmer"

62 Rund um den Vörder See erstreckt sich der Natur- und Erlebnispark Bremervörde. Markantes Ziel ist die NABU-Umweltpyramide – ein lebendiges Zentrum des Naturschutzbundes Deutschland mit interessanten Informationen. Durch das Außengelände führt ein 300 Meter langer Rundweg, der zu schutzwürdigen Lebensräumen führt. Einen spannenden Kontrast – und zugleich eine gute Ergänzung – bildet einige Hundert Meter weiter das "Haus des Waldes". Unter fachkundiger Führung wird hier der Lebensbereich "Wald" vorgestellt. Zum Dritten macht die "Welt der Sinne" neugierig. Naturgeheimnisse ganz besonderer Art faszinieren im "Erfahrungfeld der fünf Sinne".

Ziel des Natur- und Erlebnisparks Bremervörde ist es, die natürliche Neugier von Kindern zu wecken, damit sie die Natur richtig entdecken können. Das "Grüne Klassenzimmer" hilft dabei und lädt herzlich ein.

Natur- und Erlebnispark
Rathausmarkt 1, tgl. geöffnet

Bremervörde | Natur- und Erlebnispark

63 Kinder entdecken hier zuerst die einmalige Spielelandschaft. Da steht ein richtiger kleiner Berg in der Landschaft, es darf nach Herzenslust Wasser gestaut, überschwemmt, gerutscht, gehangelt und balanciert werden. Und eine Hängebrücke gibt es auch. Ein wundervoller Wasserspielplatz zieht alle magisch an. Es lockt das Abenteuer einer Floßfahrt – ein feucht-fröhliches Spektakel –, selbst die kleinsten Besucher machen mit: Der Natur- und Erlebnispark Bremervörde besitzt mit seiner Spielelandschaft ein kleines Paradies.
Wer will, kann sich einige Schritte weiter – am stillen Vörder See – niederlassen, einen Kaffee trinken und Surfer und Segler beobachten, die bei gutem Wind bunte Tupfer auf das Gewässer zaubern. Außerdem laden Torfkähne und Tretboote zu Erkundungsfahrten ein. Steigen Sie zu, um Wasservögel zu beobachten oder die vielfältige Natur im Uferbereich zu genießen.

Bremervörde | Vom Korn zum Brot in alter Zeit

64 Bei Ihrer Wanderung durch die abwechslungsreiche Umgebung Bremervördes erleben Sie Wasser, Wald und Moor. Ein Geheimtipp unter Seglern ist der kleine Oste-Hafen, den Sie sich anschauen sollten. Sie treffen bei Ihrem Rundgang aber auch auf 'Henriette', eine Galerie-Windmühle, die jenseits der Oste im uralten Geesthof Elm ihre Flügel in den Wind stellt. Im Jahre 1773 in Hamburg-Flottbeck erbaut, dient sie nun als Domizil für das Bäckerei- und dorfgeschichtliche Museum. Hier erwartet Sie der originalgetreue Aufbau eines Backhauses von 1900 mit sehenswerten Backtrögen. Führungen – nach Absprache mit der Touristik-Information – verdeutlichen die Geschichte des Backhandwerks. Getreu dem Motto "Vom Korn zum Brot in alter Zeit".

Stade | Schöne Schwedenhappen

65 Die Schweden mochten Stade sehr. Nach dem Dreißigjährigen Krieg quartierte sich hier ihr Generalgouverneur ein. Stades schönster Schwedenhappen ist das Schwedenspeicher-Museum am Hafen. Wenn Sie diese historische Stätte besuchen, haben Sie den großen Schlüssel zur reichen Vergangenheit dieser kleinen Stadt in der Hand. Das Museum liegt am Ende der restaurierten Altstadt. Historischer Kern ist ein beschaulicher Fußgängerbereich, den Sie mit offenen Augen und gemächlichen Schrittes erkunden sollten. Antike Häuser erzählen alte Geschichten, in der Nähe des Fischmarkts blüht flämischer Barock am Bürgermeister-Hinze-Haus, und am Rathaus grüßt die Krone Karls XI. vom Sandsteinportal. Noch ein Schwedenhappen.

Schwedenspeicher-Museum
Wasser West 39,
Di.-Fr. 10-17 Uhr,
Sa. + So. 10-18 Uhr

Stade | Das Dorf in der Stadt

66 In Stade gibt es eine Insel der Ruhe: das Freilichtmuseum "Die Insel". Eine von Wasserläufen umschlossene dörfliche Idylle demonstriert auf erholsame Weise, wie man früher im benachbarten alten Land lebte. Von dorther kamen die meisten Originale, die hier eine neue Heimat fanden.

Das ausladende Altländer Haus nebst Innenleben von 1773 lädt Sie zu einem Besuch ein. Dieses Haus besitzt eine so genannte "Hochzeitstür", die Altländer Prunkpforte. Aber auch die Bockwindmühle, das Göpelwerk und ein alter Steinbackofen sind sehenswert. Aus Scheßel im Bremervörder Raum stammt das Geesthaus, in dem jetzt das gemütliche Inselrestaurant zu Hause ist. Schauen Sie doch mal rein!

Freilichtmuseum
'Die Insel'
Auf der Insel,
April-Okt.
Di.-So. 10-13 +
14-17 Uhr

Die schönsten Radtouren
für Sie entdeckt

Naturerlebnis und Geselligkeit, Anstrengung und Erholung – dieses Wechsel- und Spannungsverhältnis macht den Reiz einer Fahrradtour aus. Und da neben der sportlichen Betätigung vor allem die Freude am Radfahren nicht zu kurz kommen soll, radelt man auf ausgeschilderten Wegen oder idyllischen Nebenstraßen, streift kleine und große Seen oder begleitet Flüsse und Bäche. Dabei spielt es keine Rolle, ob es sich um einen kurzen Sonntagsausflug, eine anspruchsvolle Tagesfahrt oder um

10 Fahrradtouren

eine mehrtägige Tour mit allen Schwierigkeitsgraden handelt. Was zählt, ist das intensive Erlebnis und nicht so sehr die zurückgelegten Kilometer. Ob man nun allein, mit Freunden oder der Familie unterwegs ist – immer ist auch der Weg das Ziel: Wer mit offenen Augen durch Deutschland radelt, entdeckt reizvoll gelegene Badeseen und gemütliche Biergärten, die unter Schatten spendenden Bäumen zur Rast einladen, oder kleine Museen mit verborgenen Schätzen. Oft grüßen romantische Schlösser und Burgen auf halber Höhe, die mit weiten Ausblicken punkten. Geht es gar zu steil bergauf, darf der Drahtesel auch mal geschoben werden. Dafür weht der Fahrtwind bergab umso kräftiger um die Nase.

In diesem Freizeitführer und in der beigefügten Freizeitkarte werden die schönsten Fahrradtouren vorgestellt. Die abwechslungsreichen Strecken berühren sehenswerte Ausflugsziele und wecken die Freude an Natur, Kultur und Geselligkeit.

Tour 1 | St. Peter Dorf – Eidersperrwerk – Büsum

Länge: 38 km
Dauer: 3,5 Stunden
Teilstück der rund 6000 km langen North-Sea-Cycle-Route; meist fährt man wasserseitig am Deich auf Asphalt.

Von der Ortsmitte St. Peter Dorf startet man direkt in Richtung Deich, biegt links ab und ist schon auf dem Radwanderweg des Deiches. Vorbei an den Badestellen Ehstensiel und Vollerwiek, passiert man auf dem Weg zum Eidersperrwerk das Natur-Infozentrum Katinger Watt und den Naturbeobachtungsturm. Das Eidersperrwerk selbst wird in der ersten Etage überquert; ein herrlicher Ausblick über Eider, Nordsee und Katinger Watt ist garantiert. Nach einer Krabbenbrötchen-Pause am Parkplatz radelt man immer am Wasser entlang nach Büsum.

Tour 2 | Meldorf – Meldorfer Bucht – Heide – Meldorf

Länge: 46 km
Dauer: 4 Stunden
Eine schöne Rundtour durch die einstige Bauernrepublik Dithmarschen.

Nachdem man den gotischen Dom von Meldorf besichtigt hat, startet man in Richtung Nordsee. Am Meldorfer Hafen angekommen führt die Route ein Stück am Deich entlang, dann biegt man rechts ab nach Christianskoog und fährt über Büttlerdeich und Wackenhusen nach Heide. Nach einer Pause auf dem größten Marktplatz Deutschlands radelt man über Nordhastedt, dann über die Autobahn und durch das Moor nach Fiel und auf einer kleinen Straße zurück nach Meldorf. Jetzt sollte noch genügend Zeit für die Besichtigung des sehenswerten Dithmarscher Landesmuseums übrig sein.

Tour 3 | Brunsbüttel – Hochdonn – St. Michaelisdonn – Marne – Brunsbüttel

Länge: 64 km
Dauer: 6 Stunden
Ein langes Stück dieser Rundtour führt direkt am Nord-Ostsee-Kanal entlang; hin und wieder gibt es kurze Ausweichstrecken.

Von der beeindruckenden Brunsbütteler Schleusenanlage fährt man in Richtung Hafen, umfährt diesen, um gleich danach zum Kanal begleitenden Rad- und Wanderweg zu kommen. Man bleibt auf diesem Weg, fährt an Burg vorbei, unterquert die Hochbrücke von Hochdonn (s. Abb.) und biegt bald darauf links ab nach Eggstedt. Ein Radweg führt nach Süderhastedt, dann geht's auf kleinen Straßen nach Marne. Nach einem frisch gezapften Dithmarscher Pilsener, das hier gebraut wird, fährt man entlang des breiten Elbstroms nach Brunsbüttel zurück.

Tour 4 | Heiligenstedten – Kleve – Wacken – Bekdorf – Heiligenstedten

Länge: **66 km**
Dauer: **6 Stunden**
Diese Tour führt auf guten Radwegen durch mooriges Gebiet, an kleinen Flussläufen und am großen Kanal vorbei.

Vom Schloss Heiligenstedten fährt man über die B 5 nach Julianka und dann links ab durch das Naturschutzgebiet über Kleve nach Vaalermoor. Nach Überquerung der L 134 geht's am Moorkanal weiter geradeaus bis zum Stadtmoor, dann biegt man links ab in Richtung Neuendorf. Schon bald sieht man die Fahnen in der tiefsten Landstelle Deutschlands. Die Route führt später an der Wilster Au entlang zur Burger Fähre; nach dem Übersetzen geht es ein Stück am Nord-Ostsee-Kanal entlang, bevor man mit der Fähre Hochdonn wieder die Kanalseite wechselt. Über Rahde und Bekdorf radelt man dann zum Ausgangspunkt zurück.

Tour 5 | Von Schleswig-Holstein nach Niedersachsen

Länge: **52 km**
Dauer: **5 Stunden, zusätzlich ½ Stunde Fährfahrt**
Vom schleswig-holsteinischen Wilster führt die Route auf kleinen Straßen und Radwegen ins niedersächsische Stade.

Aus dem hübschen Ort Wilster fährt man an der Wilster Au entlang zur Stör. Der gewundene Flusslauf wird in Beidenfleth überquert, dann führt die Route, immer noch parallel zu den Flusswindungen, später abseits davon über Borsfleth zum Hafen von Glückstadt. Nach der Elbüberfahrt erreicht man das niedersächsische Wischhafen, fährt gleich links auf den Deich und weiter über Krautsand, Drochtersen, Assel und vorbei an Bützfleth, dem tiefsten deutschen Ort, bis hinein nach Stade. Nach dieser Tour erholt man sich in einem gemütlichen Café am Hafen mit Blick zum schönen Schwedenspeicher.

Tour 6 | Auf dem Elbe-Radweg von Wischhafen nach Cuxhaven

6

Länge: **63 km**
Dauer: **5,5 Stunden**
Eine Streckentour auf dem letzten Teilstück des Elbe-Radweges, oft neben oder auf dem Elbdeich.

Von Wischhafen radelt man zum Sperrwerk und biegt dort links ab in Richtung Freiburg. Am Hafen vorbei führt die Route zur Elbe, später durch die Marschenlandschaft hinter dem Deich. Dem Radweg folgend kommt man zum Oste-Sperrwerk, überquert dieses und macht Rast beim Natureum, dem Naturkundemuseum Niederelbe. Anschließend fährt man über Belum und entlang des Elbe-Weser-Schifffahrtsweges an Otterndorf vorbei und erreicht die breite Elbmündung. Meist auf der Wasserseite des Deiches erreicht man gemütlich radelnd Cuxhaven.

Tour 7 | Von Stade nach Cuxhaven

7

Länge: **82 km**
Dauer: **7,5 Stunden**
Ein Teilstück des Fernradwanderweges von Hamburg nach Cuxhaven durch das Obstland Kehdingen und vorbei am Deutschen Olymp.

Von Stade fährt man über Himmelpforten in den Obstgarten des Kehdinger Landes. Vor Hemmoor durchstreift man ein großes Moorgebiet, dann folgt die Wingst mit dem Baby-Zoo am Fuße des Deutschen Olymp (53 m). Nun nimmt man Kurs auf Otterndorf, macht einen Gang durch die Innenstadt, wirft einen Blick auf die schöne alte Lateinschule und radelt nicht am Deich entlang, sondern landein über Ostergehren und Lüdingworth zum Ziel Cuxhaven. Den Ausflug zur Insel Neuwerk macht man später zu Fuß durchs Watt und zurück mit dem Schiff oder je nach Wasserstand auch umgekehrt.

Tour 8 | Von Cuxhaven nach Bremerhaven

8

Länge: **53 km**
Dauer: **5 Stunden**
Von der Elb- zur Wesermündung: eine schöne Streckentour auf guten Radpisten durch das Land Wursten.

Von der Innenstadt Cuxhavens radelt man gemütlich und auch langsam, der Fußgänger wegen, zur Kugelbake (s. Abb.), dem nördlichen Seezeichen der Stadt an der Elbmündung. Über Duhnen und Sahlenburg verlässt man dann Cuxhaven, fährt an der Oxstedter Heide vorbei und auf die Küste zu, bis man die grünen Badestrände von Spieka, Dorum und Wremen erreicht. Immer wieder bieten sich Gelegenheiten, eine Pause zu machen, ein Bad zu nehmen oder durch einen der schönen Kutterhäfen zu bummeln. An der Wesermündung angekommen, führt der Weg über Imsum nach Bremerhaven, wo man auf keinen Fall das Deutsche Schifffahrtsmuseum versäumen sollte.

Tour 9 | Rund um Bad Bederkesa

9

Länge: 28 km
Dauer: 2,5 Stunden
Auf guten Radwegen geht's vom Moorheilbad zum Moorrundweg, von der Burg Bederkesa zum Vorgeschichtspfad Flögeln.

Nach der Besichtigung der Burg Bederkesa führt die Tour in Richtung Flögeln aus dem Ort heraus. In Flögeln angekommen, macht man zunächst einen Abstecher zum Vorgeschichtspfad Flögeln, der auf einem 3-km-Rundweg an rund 30 Bodendenkmälern vorbeiführt. Anschließend radelt man auf einem Moorrundweg um den Flögelner See und beobachtet von Aussichtsplattformen die Tier- und Pflanzenwelt. Die Rückfahrt nach Bad Bederkesa führt dann über Mühedeich und Ankelohe zum Kaffeetrinken ans Seeufer.

Tour 10 | Bremervörde – Bevern – Selsingen – Malstedt – Bremervörde

10

Länge: 42 km
Dauer: 4 Stunden
Eine Rundtour auf guten Radwegen und wenig befahrenen Nebenstraßen durch Wald, Feld und Wiesen.

Vor der Abfahrt in Bremervörde lohnt ein Besuch im Kreismuseum mit seiner interessanten Abteilung zur Moorarchäologie: Im 18. Jh. brachte die Moorkolonisation den großen Aufschwung für den Ort. Dann startet man in Richtung Hesedorf nach Bevern, das mit der Ziegelei Pape ein bedeutendes Baudenkmal aufzuweisen hat. Man sieht Tonkuhlen und Ringofen, Maschinenanlagen und Trockenschuppen. Nach dem Besichtigungsprogramm dieser Tour folgt das gemütliche Radeln: Über Deinstedt, Selsingen, Ohrel und Malstedt fährt man zurück und erholt sich von der Rundfahrt im Natur- und Erlebnispark am Vörder See.

Impressum

Bildnachweis

Titelbild: Studio Lang, Ostfildern
Fotos Ausflugziele: Bildagentur Huber/Bordis (Aufmacherfoto); Bildagentur Huber/Damm Nr. 43; Bildagentur Mauritius/Bordis Nr. 41; Forum Fischbahnhof, Bremerhaven Nr. 59; HB Verlag/Chr. Böttcher/Th. Tiensch Nr. 35, 38 + 42; Historisches Museum, Bremerhaven Nr. 57; Kurioses Muschel-Museum Nr. 47; Kurverwaltung St. Peter-Ording Nr. 4; W. Otto Nr. 36; Zoo am Meer, Bremerhaven Nr. 55; alle übrigen Fotos W. Kern
Fotos Radtouren: Fotoarchiv Zenzen-Scheller S. 43; R. Schenk-Kern S. 45; Studio Lang S. 42, 44 + Aufmacherfoto

Impressum

Allianz Freizeitführer

Redaktion: MAIRDUMONT GmbH & Co. KG, Radegunde Schenk-Kern, Marco-Polo-Zentrum, D-73760 Ostfildern, Tel. 0711/4502-267, Fax 0711/4502-343, E-Mail: r.schenk-kern@mairdumont.com
Kartografie: MAIRDUMONT GmbH & Co. KG, Ostfildern
Gestaltung: red.sign, Stuttgart
Layout: Studio Lang, Ostfildern

Die Angaben in diesem Freizeitführer, insbesondere die Anschriften und Öffnungszeiten, wurden sorgfältig geprüft. Für die Richtigkeit der Angaben kann trotzdem keine dauerhafte Gewähr übernommen werden. Die in dieser Broschüre vorgestellten Radtouren basieren auf Vorgaben der Kompass-Radwanderführer, erschienen im Deutschen Wanderverlag.